LE BOULEVARD DE JOUR.

SCENES COMIQUES.

1755.

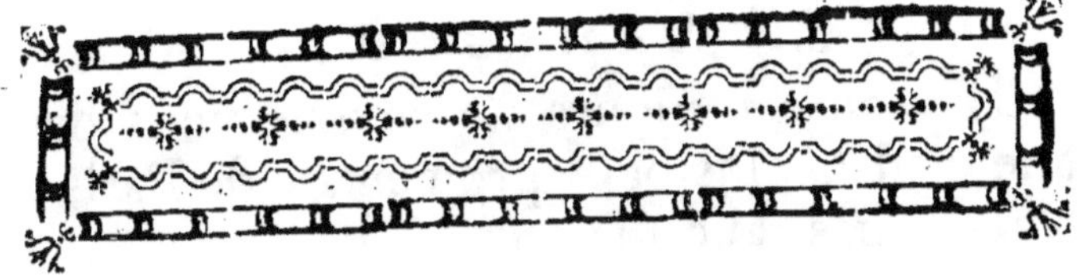

LE BOULEVARD DE JOUR.

SCENES COMIQUES.

SCENE PREMIERE.

M^de SANSGOUT, M^de BONSENS,
se promenant sur le Boulevard.

M^de SANSGOUT.

JE suis prodigieusement lasse, tenez as-
seyons-nous : voilà là-bas des Chaises.

M^de BONSENS, *hauffant les épaules.*

Que de monde aujourd'hui au Boulevard !

M^{de} SANSGOUT.

Il y en a toujours : quand je vous dis que c'eſt la plus belle promenade de Paris, n'ai - je pas raiſon ?

M^{de} BONSENS.

Moi je n'y trouve rien de ſi magnifique, voilà beaucoup de monde & puis c'eſt tout.

M^{de} SANSGOUT.

En vérité cela me fait mourir; je vous conſeille réellement de dire cela tout bas, car vous vous mettriez à dos toutes les perſonnes de la promenade.

M^{de} BONSENS.

Quand cela ſeroit, croyez-vous pour cela que j'aurois tort.

M^{de} SANSGOUT.

Enfin c'eſt contredire tout Paris que de ne pas aimer le Boulevard.

M^{de} BONSENS.

Soit.... mais tant que vous ne me donnerez point d'autre preuve que celle-là de la beauté de cette promenade, je penſerai toujours de même.

M^{de} SANSGOUT.

Ce n'eſt donc pas une preuve ſuffiſante, que de vous dire que tout Paris vient ici ? Tout Paris eſt donc de mauvais gout ? Vous

Êtes donc la seule qui penſiez juſte ?

M^{de} BONSENS.

Tout Paris n'embellit point une promenade ſi cette promenade n'a rien par elle-
même qui nous ſatisfaſſe, au contraire cela
produit une cohue qui gêne les perſonnes
qui s'y promenent. Voyez vous quelqu'un
ici qui marche à ſon aiſe ? L'un vous pouſſe,
l'autre vous marche ſur votre robe, un autre vous décoëffe. Les Meſſieurs n'y ſont
pas mieux. Ont-ils des habits qui craignent
d'être blanchis ? Ils trouvent à chaque pas
une légion de Perruquiers qui d'un habit
noir vous en font dans le moment un habit
blanc. Quittez vous le Perruquier, vous
rencontrez une foule de petites gens qui re-
viennent de la guinguette & qui braillent,
Dieu ſçait de quelle maniere, tenez en voilà
juſtement ; les entendez-vous ? Eh bien que
dites-vous de cette muſique-là, n'eſt-elle
pas jolie ? En vérité tout Paris eſt de bon
gout.

M^{de} SANSGOUT.

Lorſque l'on ne montre les choſes que
par leur laid côté, il eſt facile de les enlai-
dir ; mais ſi vous jettez les yeux ſur cette
file de Caroſſes qui forment un coup d'œil
admirable, & qui ſemblent tous renfermer
des Divinités.

A iij

M^{de} BONSENS.

Il est vrai que c'est fort amusant, voilà déja deux ou trois de ces Carosses que je vois prêts à être brisé, qui heureusement n'ont que leurs timons cassés. Je viens de voir de même les Divinités qu'ils renfermoient, être obligés de mettre pieds à terre après avoir eu mille frayeurs, cela ne laisse pas, Madame, que d'avoir son agrément.

M^{de} SANSGOUT.

Mais dites-moi, qui peut garantir de malheur ? vous faites l'éloge de la promenade, on voit par-là l'excès de plaisir que l'on trouve en y venant.

M^{de} BONSENS.

On voit par là, Madame, la folie du Public qui n'aime que le nouveau, si demain son caprice étoit de faire une promenade de la plaine de Saint Denis, vous verriez tout le monde y venir. Aprés les Thuilleries, le Luxembourg, le Palais-Royal, le Petit-Cours que nous voyons abandonner pour un Boulevard, rien ne peut flatter le gout de ce Public que sa bizarrerie.

M^{de} SANSGOUT.

Enfin tout Paris est fol, il n'y a que Madame qui soit sage, mais y pensez-vous ?

M^{de} BONSENS.

J'y pense très-sérieusement ; je m'étonne

que vous ne m'ayez pas encore cité comme
un ornement du Boulevard, ces Baladins
qui ſe tuent à dire de mauvaiſes choſes, &
qui trouvent encore des gens plus ſots qu'-
eux qui les écoutent, j'ai vû même des Caroſſes s'y arrêter & demandez-moi pourquoi,
pour voir des gens qui font pitié, qui mal-
traitent le bon ſens à chaque minutte ; c'eſt
encore un bonheur que tout cela ſoit à la
Foire Saint Laurent, car ma foi j'aurois été
bien plus de mauvaiſe humeur.

M^{de} S A N S G O U T.

Il faut réellement l'être pour dire tout
ce que vous dites.

M^{de} B O N S E N S.

Pourquoi cela ? Parce que je ne me con-
forme point au gout général, mais en vérité
je regrette les cinq ou ſix fois que je ſuis
venue ici, & ſi ce n'a été que pour juger de
cette belle promenade.

M^{de} S A N S G O U T.

Allez donc à vos Thuilleries, à votre
Luxembourg, à votre Palais-Royal, à votre
Petit-Cour, vous y verrez une poignée de
monde, pendant que vous jouiſſez ici d'une
vûe magnifique.

M^{de} B O N S E N S.

Moi je viens ici pour me promener &
non pour autre choſe : or je vous demande

fi l'on peut le faire , nous avons eu feule-
ment beaucoup de peine à gagner ces Chai-
fes , vous en êtes pour votre Mantelet dé-
chiré , & moi j'ai manqué d'y perdre une
Mule.

M^de SANSGOUT.

Je ne pourrai donc pas vous faire rentrer
dans le bon gout.

M^de BONSENS.

Mais en vérité c'eft moi qui cherche à
vous convertir , au refte laiffons cela là , je
vous dis mon gout , vous en penferez ce
que vous jugerez à propos.

M^de SANSGOUT.

Voilà Madame Caquet qui vient , vous
allez voir ce qu'elle en penfe.

M^de BONSENS.

Vous me citez-là encore une bonne Au-
teur , une femme qui ne fçait que caqueter ,
qui s'embaraffe des affaires de fon voifin &
qui laiffe là les fiennes.

SCENE DEUXIÉME & dern.

M^de SANSGOUT, M^de CAQUET,
M^de BONSENS.

M^de SANSGOUT à M^de CAQUET.

ENFIN vous voilà donc ma chere amie, de bonne foi, je vous querelerois volontiers & vous le méritez bien.

M^de CAQUET.

Eh dites nous donc un peu pourquoi cela ?

M^de SANSGOUT.

Comment je ne vous ai point vue de la matinée.

M^de CAQUET.

Si vous sçaviez, mon bijoux, j'ai eu mille affaires ce matin, vous n'ignorez pas qu'il y a des jours où le temps n'est pas à nous.

M^de SANSGOUT.

Je vous le pardonne, mais en récompen-se avez-vous quelque chose de neuf à nous apprendre.

M^{de} C A Q U E T.

Ah je vais vous faire rire. Vous connoif-
fez bien Madame Manie.

M^{de} S A N S G O U T.

Qui, cette Madame Manie.

M^{de} C A Q U E T.

Eh cette femme qui babille tant !

M^{de} BONSENS *à part , & hauffant des épaules.*

Que les gens fe connoiffent peu !

M^{de} SANGOUT à M^{de} CAQUET.

Je me remets qui vous voulez dire.

M^{de} C A Q U E T.

Je l'ai vue ce matin aller à la Boucherie
elle-même, j'étois curieufe de favoir fi réellement elle y alloit, & pour en être plus
fûre je l'ai fuivie, commé j'avois affaire à
un Boucher qui précifément demeure vis-
à-vis du fien, j'étois là très à mon aife pour
voir ce quelle achétoit.

M^{de} BONSENS *hauffant les épaules, & tout bas.*

C'étoit fort intéreffant, cette femme-là a
de grandes affaires.

M^{de} S A N S G O U T.

Eh bien qu'à-t'elle acheté.

M^{de} C A Q U E T.

Un mou de veau dont je n'aurois pas
voulu faire de la foupe à mon chat, j'en ai

fait rire Madame Bavarde toute la matinée.

M^{de} S A N S G O U T.

Que je suis fâchée de ne m'être point trouvée là, j'aurois ris aussi tout mon bien-aise.

M^{de} C A Q U E T à M^{de} B O N S E N S.

Qu'avez-vous donc, Madame Bonsens, vous ne dites mot aujourd'hui.

M^{de} B O N S E N S à M^{de} C A Q U E T.

Vous sçavez Madame que d'ordinaire je parle peu.

M^{de} S A N S G O U T.

Madame Bonsens boude aujourd'hui ; elle ne veut pas avouer que le Boulevard est une promenade admirable ; j'en appelle à vous ma chere amie.

M^{de} C A Q U E T.

Moi je m'y plais infiniment, tout ce que je lui reproche c'est que l'on n'y cause point à son aise.

M^{de} B O N S E N S, *en riant.*

La remarque est bonne.

M^{de} C A Q U E T à M^{de} B O N S E N S.

Allons dites-nous des nouvelles.

M^{de} B O N S E N S à M^{de} C A Q U E T.

A qui faut-il en demander, Madame, lorsque l'on vous voit, si vous sçavez qu'une de vos voisines a acheté un mou de veau, que ne devez-vous pas sçavoir ? Et puis ma montre marque huit heures, voilà le temps où je quitte la promenade. Mesdames je vous souhaite bien du plaisir.

M^{de} CAQUET & M^{de} BONSENS , *parlant toutes deux à la fois.*

Nous ne vous laisserons pas aller seule, en vérité ce seroit de la derniere impolitesse.

F I N.

On donnera dans peu le Boulevard de Nuit.

www.ingramcontent.com/pod-product-compliance
Lightning Source LLC
LaVergne TN
LVHW010308190726
843502LV00014B/4167